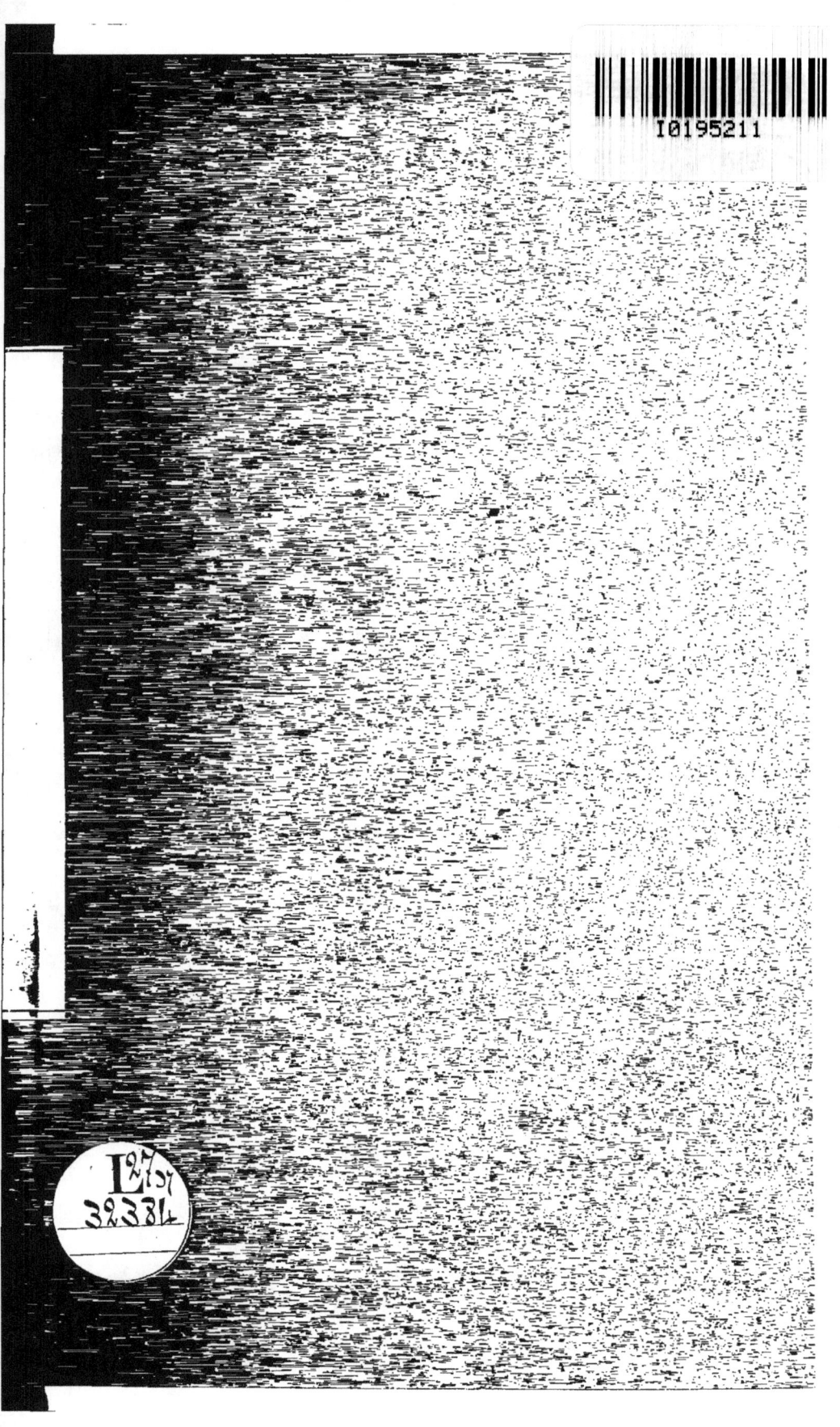

LOUIS GOSSIN

CHEVALIER DE LA LÉGION D'HONNEUR
CULTIVATEUR, PROFESSEUR D'AGRICULTURE DU DÉPARTEMENT DE L'OISE
CORRESPONDANT DE LA SOCIÉTÉ CENTRALE D'AGRICULTURE
MEMBRE DU CONSEIL D'ADMINISTRATION DE LA SOCIÉTÉ DES AGRICULTEURS DE FRANCE
DES SOCIÉTÉS D'AGRICULTURE DE COMPIÈGNE, BEAUVAIS, ETC.
ET L'UN DES FONDATEURS
DE L'INSTITUT AGRICOLE DE BEAUVAIS

PAR

PAUL BLANCHEMAIN

SECRÉTAIRE DE LA SOCIÉTÉ DES AGRICULTEURS DE FRANCE
ANCIEN ÉLÈVE DE L'INSTITUT AGRICOLE DE BEAUVAIS

PARIS
IMPRIMERIE DE E. DONNAUD
1, RUE CASSETTE, 1

1880

LOUIS GOSSIN

Au commencement de 1879, l'attention de la Société des agriculteurs de France fut tout particulièrement attirée sur les résultats de l'enseignement donné dans le département de l'Oise par un modeste professeur de l'Institut libre de Beauvais. Ses débuts remontaient à trente ans : trente ans d'efforts, entremêlés d'épreuves, mais couronnés d'un indéniable succès.

Limités d'abord au département qu'il avait choisi pour champ d'expérience et qui répondit si bien à son dévouement, les enseignements d'agriculture de M. Gossin avaient pris peu à peu, presque à son insu, un caractère d'intérêt vital pour le pays tout entier. L'homme du labeur persévérant commençait à recueillir sa récompense. On venait le consulter de tous côtés; et, il pouvait retrouver dans plus d'un projet de loi de l'enseignement en France les termes mêmes de ses projets d'il y a vingt ans.

Cette notoriété, si honorablement acquise, était faite pour emporter les suffrages de la Société des agriculteurs, si ardente à provoquer l'initiative agricole. Elle accorda à M. Gossin une coupe d'honneur. Elle apportait ainsi une consécration méritée à ses travaux ; mais elle remplissait surtout un devoir, elle payait une dette de reconnaissance à l'un des plus courageux initiateurs que la France agricole allait perdre.

Il n'y a pas deux ans de cela, et voici qu'il nous faut essayer de retracer la vie de cet homme de bien.

Louis Gossin naquit en 1818, à Nantes où son père occupait les fonctions de directeur des douanes. Il fut privé des tendresses maternelles presque en naissant. Mais M. Gossin père était un homme instruit et tout dévoué aux deux fils qui restaient le seul but de sa vie. Il se fit leur répétiteur ; il se décida même à abandonner sa position pour les conduire à Paris achever leurs études et pour pouvoir les y accompagner partout. Louis Gossin et son frère aîné lui durent une solide et très complète éducation. Il en garda toute sa vie la durable influence dans le caractère. Nous nous souvenons de l'avoir entendu rappeler maintes fois ces conseils paternels qui, à trente ans de distance, fortifiaient encore et inspiraient ses actes. Le père de Louis Gossin se trompa pourtant lorsqu'il le destina à la magistrature. Le jeune étudiant en droit n'avait que le désir de partager la vie agricole déjà choisie par son frère.

« Je voulais à toute force être cultivateur », écrit-il dans la préface de l'*Agriculture française*, et bien lui en prit.

Les deux frères entrèrent à l'Institut de Grignon en 1833. Peu après, ils s'installaient à la Tour-Audry, terre de 100 hectares située dans les Ardennes et tellement dégradée que le fermier qui payait un loyer de 1000 francs demandait une diminution. Pour la transformer, il fallait déployer une grande activité, prendre aux ouvrages de la culture la même part que les serviteurs. L'épreuve dura douze ans sans lasser son courage ; mais cette expérience des labeurs persévérants, ces longs jours passés à conduire la charrue, à ensemencer, à tenir la faux et à surveiller les moindres détails d'une exploitation allaient préparer Louis Gossin à sa vraie mission. « M'interrogeant un jour moi-même, nous raconte-t-il avec cette simplicité qui était un des traits dominants de l'homme, je remarquai que mon goût pour la vie des champs venait de ce que mon père m'avait parlé d'agriculture, dès mon enfance, et je me dis que si, dans l'instruction publique on faisait de même, beaucoup de vocations semblables à la mienne se produiraient. »

On devine la conclusion. Il ne fallait plus qu'une occasion pour que le laboureur devînt un apôtre de la science agricole.

Cette occasion se présenta sous son visage le plus aimable.

M. Édouard de Tocqueville, membre du conseil général de l'Oise, le regretté vice-président de notre Société, un des fondateurs du congrès central d'agriculture alors, avait conçu les mêmes idées que Louis Gossin sur la nécessité d'un enseignement classique agricole. Ils se rencontrèrent, en 1847, au congrès des agriculteurs du Nord, ils se comprirent et concertèrent les moyens de faire passer leurs vues à l'état pratique.

Dans l'entre-temps des rudes occupations de la Tour-Audry, notre futur professeur s'était formé la main. Il avait remporté successivement deux prix de 1000 francs ainsi que deux médailles à la Société centrale d'agriculture et publié, à vingt-trois ans, un manuel d'agriculture également couronné par cette société, qui lui conféra le titre de membre correspondant. L'exploitation de la Tour-Audry elle-même avait valu aux deux frères une prime extraordinaire de 1000 francs décernée par la société d'agriculture des Ardennes.

C'étaient des titres dignes d'attirer le choix de ceux qui voulaient donner une extension nouvelle à l'œuvre inaugurée à Roville par l'opiniâtre initiative de Dombasle et poursuivie sous une autre forme à Grignon par Bella. Ce n'était pas là pourtant le côté le plus distingué de la nature généreuse de M. Gossin; mais il eut ce rare bonheur d'aller du premier coup vers l'homme le plus capable de l'apprécier complètement. M. de Tocqueville rechercha sa science, ses connaissances pratiques, sa parole précise et persuasive; combien il estima à un plus haut prix encore l'élévation de son esprit, son cœur dévoué, son esprit de famille et son christianisme éclairé.

Cette confiance que M. Gossin inspira dès l'abord assura

son succès personnel et en même temps celui de sa chère agriculture. Comprenant, en effet, l'importance de la recrue qu'il venait de faire, M. de Tocqueville sentit que son espoir d'introduire le progrès agricole dans sa contrée allait devenir une réalité et, usant de toute son influence et de celle de son illustre frère Alexis de Tocqueville auprès du ministre, M. Cunin-Gridaine, il obtint pour M. Gossin la situation officielle de professeur d'agriculture à Compiègne.

C'était une vraie victoire. La brèche avait été faite à la citadelle de l'Université, l'agriculture y entrait enfin avec armes et bagages. Le jeune professeur prit position.

L'ambition et l'intérêt personnel n'étaient pour rien dans ce triomphe.

Un membre de la Société centrale d'agriculture, l'ancien et habile directeur des haras, M. Gayot, a raconté plus tard comment, au moment même où M. de Tocqueville procurait à M. Gossin la chaire d'agriculture de Compiègne, il obtenait pour le jeune lauréat de la Tour-Audry la situation de directeur des cultures à Mettray avec les appointements de 4000 francs. M. Gossin déclara qu'il avait donné sa parole à M. de Tocqueville et qu'il ne la retirerait point. M. Gayot insista. Il savait M. de Tocqueville trop ami des intérêts de M. Gossin pour ne pas le dégager. C'est en effet ce qui eut lieu. M. de Tocqueville averti, non seulement lui rendit sa liberté, mais il se joignit à M. Gayot pour décider M. Gossin, déjà père de famille, à accepter une aussi avantageuse proposition. M. Gossin ne le voulut jamais. Cet attachement à sa parole, ce sentiment de délicatesse vis-à-vis de son premier bienfaiteur étaient d'autant plus beaux que, comme professeur de Compiègne, il ne devait toucher que 1000 francs au lieu de 4000 francs à Mettray.

Mais, fort de cette joie qui est la récompense d'une action désintéressée, M. Gossin se mit à l'œuvre. Il vit chaque année son action s'accroître, et ses efforts, auxquels vinrent se joindre les tentatives du même genre réalisées par d'autres dévoués professeurs sur divers points de la France, aboutirent à travers mille péripéties à la loi de 1879 sur le professorat départemental. M. Gossin en devra être considéré dans l'histoire de l'enseignement agricole comme le véritable promoteur.

En 1867, en effet, au sein d'une commission d'enseignement agricole instituée à l'occasion de l'Exposition universelle, c'est lui qui proposa l'institution régulière d'un professorat agricole départemental. Appuyée par M. Monny de Mornay, directeur de l'Agriculture, cette proposition fut adoptée en principe et, depuis lors, un certain nombre de professeurs départementaux d'agriculture furent nommés.

Sur l'initiative de MM. Louis Gossin, Louis Hervé et Gandon, la question fut officiellement reprise en 1875 par une nouvelle commission dont M. le comte de Bouillé était vice-président. L'exposé que M. Gossin fut invité à présenter dans cette circonstance à l'importante réunion des agriculteurs de l'Assemblée nationale fut d'un très grand poids dans les délibérations ultérieures de cette réunion.

Enfin, en 1877, le Sénat prépara le projet de la loi actuellement existante, l'adopta en seconde lecture en 1878, puis le renvoya à la Chambre des députés.

C'est à cette date que M. Gossin eut l'idée, pour donner plus de force à l'institution naissante, d'inviter les professeurs départementaux d'agriculture à se réunir à Paris et à fonder une corporation dont les membres s'éclaireraient et se soutiendraient mutuellement. La première séance eut lieu le 3 octobre 1878. Treize professeurs étaient présents et dix autres adhéraient.

Dans cette séance importante, la corporation des professeurs départementaux d'agriculture de France a été fondée et là encore nous trouvons un foyer de progrès et d'activité féconde pour le pays allumé par le zèle de M. Gossin.

Mais, en 1848, il s'estimait déjà heureux de pouvoir ouvrir son premier cours dans une humble salle du collège de Compiègne. Il eut la satisfaction de voir que ses leçons ne déplaisaient point aux jeunes gens du collège et des autres pensions de la ville qui lui envoyaient toutes un contingent d'auditeurs. Son savoir théorique et pratique uni à l'action de sa parole convaincante attira vers l'agriculture de jeunes esprits que d'autres carrières avaient d'abord tentés. On les compte aujourd'hui parmi les plus remarquables agriculteurs de ce pays d'excellente culture.

Bien avant de pouvoir pressentir ces résultats, M. Gossin avait déjà étendu le cercle de son enseignement en ouvrant deux cours : l'un près du petit séminaire de Noyon, l'autre au cours normal d'instituteurs primaires dirigé à Beauvais par les frères des écoles chrétiennes.

Nous touchons à l'une des heures décisives de la carrière de M. Gossin et à l'un de ces nouveaux sourires de la Providence, comme il eut la joie d'en voir briller plusieurs au milieu des labeurs de sa vie. M. Gossin était un savant, un dévoué, un vulgarisateur éminent, le professeur dans toute la puissance du terme; M. de Tocqueville, qui l'aidait de ses conseils et l'appuyait de sa haute autorité personnelle, était de son côté un inspirateur excellent, avisé, trop élevé et théorique peut-être dans ses conceptions généreuses. Si j'ose le dire, un contrepoids manquait à l'enthousiasme de ces deux hommes. Cette vertu capitale des fondateurs, l'opiniâtreté acharnée qui sait peu à peu mettre en jeu tous les moyens et les faire concourir à un but longtemps mûri, qui assure, en un mot, le succès définitif d'une œuvre ardemment entreprise; cette pierre angulaire de l'édifice d'enseignement qu'on voulait bâtir, il appartenait de la poser à un ouvrier plus humble, plus oublié, mais non moins grand qu'eux, le frère Ménée.

L'intelligent directeur de l'école normale de l'Oise s'attristait de voir les jeunes gens de la campagne qui fréquentaient son établissement, ne mettre à profit l'instruction acquise chez lui que pour abandonner l'honorable état de leurs pères et devenir des clercs ou des commis. Il avait compris la nécessité de réagir contre d'aussi déplorables tendances. Aussi quand M. de Tocqueville lui proposa d'inaugurer un cours agricole, analogue à celui de Compiègne, et d'en charger M. Gossin, il ouvrit ses portes toutes grandes à ce professeur. Dès lors, une sympathie tendre née d'une communauté de sentiments, le même but, le besoin secret de se compléter l'un par l'autre, cet esprit d'abnégation qui fait que chacun veut reporter sur son ami le mérite du succès qu'il a préparé lui-même, avaient rapproché ces trois hommes, de Tocqueville, Ménée et Gossin, ces trois hommes qui se sont désormais rejoints au rendez-vous d'espoir qu'ils s'étaient donné.

Dans les nombreux entretiens qu'ils eurent ensemble, peu après l'ouverture du cours de M. Gossin à l'école normale, ils ne tardèrent pas à reconnaître que, si les trois cours professés à Compiègne, à Noyon et à Beauvais devaient avoir à la longue une action précieuse, elle serait forcément limitée. Cette instruction agricole, donnée à tous, allait devenir le point de départ du progrès dans chaque commune rurale où s'établirait un auditeur de M. Gossin, mais ce n'était que par exception ou d'une manière fort indirecte que les élèves du collège et des pensions de Compiègne, les ecclésiastiques du séminaire de Noyon ou les instituteurs de l'école normale de Beauvais pouvaient servir l'agriculture, le nombre de ceux qui passaient des cours de M. Gossin dans l'agriculture militante était restreint.

N'était-il donc pas indiqué de créer sur un point de ce département, déjà imprégné de l'esprit agricole dans trois de ses villes les plus importantes, un centre d'enseignement spécial, plus complet, avec des cours qui s'adresseraient cette fois à des jeunes gens déterminés à se faire cultivateurs?

Quand l'idée, longtemps préparée, parut suffisamment mûre à ses auteurs et qu'il fallut en venir à la réaliser, les obstacles se dressèrent en si grand nombre que M. de Tocqueville et M. Gossin lui-même eussent peut-être reculé. Le frère Ménée promit d'essayer.

Il n'était pas douteux que l'initiative privée seule devait faire les frais de la fondation. L'État serait favorable, mais on n'en devait espérer et on n'en reçut, en effet, que la modique subvention dont M. de Tocqueville disait finement plus tard « qu'elle n'était en quelque sorte pour l'œuvre de Beauvais qu'un certificat de vie légale. »

D'où donc devait venir le secours? Il vint de cette humble cellule où le génie d'Horace Vernet permettra toujours à la reconnaissance de la France de contempler les traits du vénérable frère Philippe.

C'était du concours de ces religieux, dont on croit devoir

mépriser aujourd'hui les bienfaits, en oubliant qu'ils ont les premiers défriché notre sol, enrichi notre science, secondé nos meilleures fondations, qu'allait dépendre l'avenir de l'enseignement et du progrès agricole d'une contrée.

L'œuvre à créer était lourde; le frère Ménée l'acceptait, mais le frère Philippe n'avait que l'or de sa bonne volonté dans les coffres de sa communauté, il entrevoyait des embarras et, comme les hommes graves qui n'aiment point entreprendre ce qu'ils craignent de ne pouvoir mener à terme, il hésita d'abord. Voici ce que dans son humilité il nous avoua quatorze ans plus tard. L'Institut agricole, depuis longtemps fondé, s'affirmait par la création d'une société de ses anciens élèves. Le frère Philippe assistait à la première réunion. Il y jeta cette apostrophe :

« Messieurs, j'assiste à une prophétie !
» Il y a plusieurs années, lorsque le frère Ménée vint me faire part de ses projets et de ses espérances pour la fondation de votre Institut, je le combattis.
» Il revint à la charge. MM. de Tocqueville et Gossin se joignirent à lui. J'hésitais ; à toute force je ne voulais pas me rendre.
» Enfin, ils renouvelèrent leurs instances et me dirent : laissez-nous faire et vous verrez.
» J'ai laissé faire et je vois ! »

Cette courte page de l'histoire de la fondation de l'Institut agricole de Beauvais, approuvé en 1854 par le gouvernement et inauguré définitivement le 8 décembre 1855, devait avoir sa place ici. M. Gossin n'y eut-il pas sa grande part? et surtout, quand la bataille une fois gagnée, le frère Ménée eut bâti les locaux nécessaires et improvisé une ferme, n'est-ce pas à M. Gossin qu'il appartint d'organiser la victoire? Heure difficile, mais où les hommes de valeur se révèlent. Sans doute M. Gossin s'entoura, dès le début, d'habiles coopérateurs et il a pu à la longue en accroître le nombre; il dut malgré tout assumer une tâche véritablement excessive. Il ne trouvait de repos que dans la variété de ses occupations.

En acceptant ses nouvelles fonctions, il n'avait point voulu abandonner ses premières entreprises. Les élèves du cours normal purent suivre les leçons d'agriculture de l'Institut agricole, ce fut une simplification ; mais restaient Compiègne et Noyon. Je ne sais plus à quelle date M. Gossin cessa son enseignement dans cette dernière ville. Peut-être est-ce au moment où il acceptait de faire un nouveau cours d'agriculture et d'arboriculture au grand séminaire de Beauvais. Il garda toujours Compiègne, sa première chaire, celle que lui avait obtenue M. de Tocqueville.

Déjà responsable d'un enseignement aussi important que celui d'un Institut agricole, comment M. Gossin continuait-il des cours qui le forçaient à des déplacements nombreux et qui le surchargaient d'accablantes occupations? Comment, ajoutons-le tout de suite, acceptait-il encore plus tard le fardeau d'une conférence annuelle à faire dans chaque canton de l'Oise? C'est que toutes ces actions diverses exercées par le même homme et dans un même but persévéramment suivi se corroboraient et s'allégeaient l'une l'autre. Le professeur de l'Institut agricole, de l'école normale et du séminaire devait retrouver un jour dans le propriétaire rural ou dans le fermier, dans l'instituteur et dans le prêtre de la paroisse qu'il aurait comptés parmi ses élèves des coopérateurs assurés dans sa difficile mission de conférencier. Son plan d'action était parfaitement arrêté et circonscrit ; mais il avait cru bon de disséminer d'abord ses forces. C'était les règles de l'ordre dispersé de notre nouvelle tactique militaire qu'il appliquait à l'enseignement des campagnes. En préparant dans toutes les branches de la vie sociale et sur tous les points du territoire des amis à l'agriculture, il s'était ménagé des points d'appui pour l'heure où il engagerait la lutte contre les mauvaises pratiques culturales. Aussi dès qu'il apparaissait en un lieu quelconque du département, il pouvait tout de suite grouper un noyau d'hommes de progrès qui ajoutaient à ces conférences le commentaire décisif et achevaient de faire triompher les bonnes méthodes dont l'expérience et l'a-propos des conseils du professeur ainsi que la solidité de sa science avaient déjà démontré l'utilité. Ces entretiens qui comptaient rarement moins de cent auditeurs, tous cultivateurs, en réunissaient parfois trois cents. L'œuvre du reste des conférences de l'Oise est toute vivante, et cette année même M. Charles Gossin, professeur adjoint à la chaire d'agriculture de l'Oise, les a faites dans les trente-trois cantons avec un plein succès.

Mais il faut le reconnaître, bien avant que M. Gossin ait pu rencontrer dans son fils son auxiliaire tout désigné, le concours empressé, constant, plein d'intelligence, de zèle et d'abnégation qu'il trouva auprès des frères directeurs de l'Institut agricole et de l'école normale de Beauvais, aida singulièrement ses efforts et lui permit en maintes circonstances de les décupler. Au frère Ménée, trop tôt descendu dans la tombe, avait succédé le frère Eugène, administrateur hors ligne, très versé dans les sciences exactes et possédant une remarquable intuition pratique des choses de l'agriculture. M. Gossin eut en lui l'appui le plus éclairé en même temps que l'ami le plus sûr. M. Gossin exprimait-il l'opportunité d'introduire à l'Institut agricole quelques modifications dans le plan des études, quelques transformations à la ferme? il était aussitôt écouté, souvent devancé même dans ses désirs. Un jour, la ferme de Saint-Lucien, où les élèves de l'Institut débutèrent, parut trop étroite pour le nombre des élèves qui s'y venaient exercer et pour contenir les beaux types de race animale qu'on y élevait, le frère Eugène employa toutes ses ressources et toute son influence pour installer dans la belle ferme de la *Maison rouge* les expériences de culture de l'Institut. Peu après il obtenait de l'administration qu'une station d'étalons fût annexée à la ferme. C'est encore par l'initiative des frères et grâce à leur concours scientifique que M. Gossin a pu voir la station agronomique du département se créer à l'Institut même.

Il me semble encore l'entendre à la tribune de notre assemblée faisant un jour l'éloge de ces religieux modestes qu'il appelait à si juste titre ses amis et repoussant avec un accent indigné et presque comme une accusation, les protestations de quelques esprits qui ne voulaient reconnaître dans l'utile création de l'Institut agricole de Beauvais que l'œuvre personnelle du professeur.

M. Gossin mettait un grand soin à se tenir au courant des découvertes de l'agronomie moderne. La conscience qu'il apportait à la préparation exacte de la moindre de ses leçons, l'habitude de leur donner une forme toujours précise lui fournirent bientôt les éléments écrits et presque coordonnés d'un cours d'agriculture théorique et pratique. Ses élèves commençaient à en réclamer la publication et lui-même, dans ses vues continuelles de propagande, espérait par là attirer des lecteurs et finalement de nouvelles vocations agricoles. Il entreprit donc, concurremment avec ses travaux d'enseignement, la composition de son ouvrage, l'*Agriculture française*.

Un des représentants de la presse agricole, qui s'empressèrent à la nouvelle de la mort de M. Gossin d'apporter leur éloge et leurs regrets, écrivait que « si les services agricoles étaient appréciés à leur juste valeur en France, Louis Gossin aurait une statue et que les agriculteurs dont il a été le maître en feraient avec empressement les frais. » Cet appel à la reconnaissance pourra bien être entendu; mais ce n'est point ainsi du jour au lendemain qu'une nation rend justice à ses meilleurs serviteurs. Elle attend, elle juge. Olivier de Serres n'a-t-il pas longtemps attendu avant de prendre place dans les rangs glorieux des bienfaiteurs de l'humanité? Mais, en écrivant le *Ménage des champs*, le grand agriculteur du Vivarais s'était assuré à lui-même un monument plus durable que le bronze. M. Gossin n'est peut-être pas loin d'avoir atteint le même but en composant l'*Agriculture française*.

Modèle de langue sobre et élégante, et en cela déjà digne de vivre, ce beau livre, au double point de vue du but social qu'il vise et de l'enseignement technique qu'il donne, mérite de prendre place parmi les meilleurs traités d'agriculture de ce temps. Sans doute la marche continue du progrès, qui vient modifier les règles les mieux établies la veille par les heureuses innovations du lendemain, pourra diminuer l'intérêt scientifique de quelques parties de l'œuvre. Lorsqu'en 1874, M. Gossin en réimprimait, chez Delagrave, une troi-

sième édition, il reconnaissait lui-même la nécessité de la refondre entièrement sur divers points. Mais à part cette réserve, en définitive heureuse, puisqu'elle est la preuve d'une amélioration toujours croissante dans la culture générale, but suprême et désintéressé du professeur, son exposé de l'utile science de la terre sera relu avec charme et profit. Et peut-être, cette première partie du livre : l'agriculture considérée au point de vue moral, social et religieux; ces réflexions si graves sur l'agriculture et la famille, l'agriculture et la société, l'agriculture et l'autorité; sur les mœurs agricoles; sur l'influence du christianisme dans l'agriculture moderne; cette méditation préliminaire sur toutes les grandes et saintes choses, dont le respect et les traditions gardées distinguent, au dire d'un économiste remarquable, M. Le Play, les peuples les plus prospères du globe ; ces pages qui ont pu paraître un peu trop magistrales peut-être et s'écarter du cadre ordinaire de l'enseignement proprement dit de l'agriculture; ces pages-là sauveront de l'oubli l'œuvre de M. Gossin !
— Car, si l'on veut restaurer la vie agricole dans toute sa patriarcale grandeur, on aura toujours besoin de remonter aux sources où M. Gossin aimait à puiser ses inspirations et de savoir les chemins anciens mais éternellement nouveaux qui y ramènent.

L'éloge que M. Patin fit, en 1874, à l'Académie, de la nouvelle édition de l'*Agriculture française* relevait surtout, indépendamment de la pureté de la forme, cette portée morale et sociale des principes d'agriculture de M. Gossin.

Telle est l'impression générale qui nous reste de ce livre où nous avons appris nous-même à aimer l'art agricole. Un des plus anciens élèves du cours de M. Gossin à Compiègne et qui le suivit à Beauvais, me rappelait encore, le jour même où nous rendions les derniers devoirs à notre maître, les veilles que coûtèrent à cet esprit consciencieux et méthodique la rédaction de l'*Agriculture françoise*. Les moindres détails avaient été l'objet de toutes sortes de soins. Il avait voulu rendre attrayante la lecture de ce traité et l'orner de gravures nombreuses et exactes. Mlle Rosa Bonheur elle-même et son frère, Isidore Bonheur, apportèrent au professeur le secours de leur talent.

L'œuvre est bien en un mot le reflet de celui qui l'a écrite. On y trouve au milieu de l'ordre le plus parfait l'élévation et la science, l'exactitude et la simplicité. Aussi quand les membres de la société des anciens élèves de Beauvais voulurent donner chaque année à leurs camarades de l'école un prix d'honneur, ils choisirent le livre de leur maître.

M. Gossin a écrit nombre d'autres ouvrages. Il m'avoua un jour que si sa parole semblait facile, c'était au prix d'une longue préparation. Il avait la composition également lente, mais il savait ne rien perdre de ce qu'il avait une fois écrit. Tel journal, en quête de ses chroniques agricoles, recevait immédiatement communication des remarques que lui avaient suggérées les péripéties d'une crise, l'état heureux ou compromis des récoltes. De plus simples objets avaient leur part dans ses études. Une visite de ferme, l'amélioration de quelques mécanismes dans une machine, l'apparition de quelque ennemi de nos jardins provoquaient de nouvelles causeries du professeur. Il fut ainsi pendant de longues années le collaborateur assidu du *Moniteur de l'Oise*. Tous les journaux agricoles s'honoraient de ses communications.

Il publiait aussi de temps à autre quelques petits traités. Tels furent son livre sur *les conférences rurales*, son *Traité de la culture des osiers* et un manuel élémentaire d'agriculture qui atteignit sa 10e édition chez Fourrault.

Il composa, vers 1867, à la demande de M. Duruy et de M. Gandon, inspecteur général, et par les soins de MM. Blériot une série de livres élémentaires du même genre en vue d'attirer l'attention des élèves sur les faits qui intéressent la vie agricole. Son *Syllabaire*, son *Livre de lecture*, son *Arithmétique agricole*, ses *Éléments de physique, botanique, zoologie* à l'usage des écoles primaires rurales joints à l'excellente *Chimie agricole* de M. Masure, forment une collection qui devrait être aujourd'hui dans les mains de tous les élèves des écoles rurales.

Lorsqu'en 1868, M. Drouyn de Lhuys, acceptant la présidence de la Société des agriculteurs de France, prenait sur lui la tâche délicate d'assurer à cette importante représentation de l'agriculture la bienveillance d'un pouvoir parfois défiant, M. Gossin fut un des premiers à s'inscrire avec M. de Tocqueville parmi nos fondateurs. Et si l'on ouvre nos annales, on le voit prendre une part très active aux discussions de la section d'enseignement. Choisi à diverses reprises comme rapporteur de projets sur l'organisation de l'enseignement classique agricole et de l'enseignement supérieur de l'agriculture, il eut la satisfaction d'y voir prédominer les idées qu'il ne cessait de mettre à l'épreuve dans son département. Les sympathies nombreuses qui l'entourèrent alors et dont il reportait tout le mérite à ses collaborateurs et à l'excellence même de la cause qu'il servait, lui donnèrent un renouveau de forces pour continuer son professorat chaque jour plus écouté, mais aussi plus étendu et plus lourd.

Il était, depuis 1859, chevalier de la Légion d'honneur. Dans un voyage à Rome il avait été frappé du douloureux spectacle de la campagne romaine, il s'était enquis des tentatives d'assainissement faites par les trappistes de Saint-Paul-hors-les-Murs et le pape Pie IX, qui s'intéressait si vivement à toutes les transformations utiles, informé des grands travaux de Louis Gossin, voulut honorer en lui l'agriculture française en le nommant chevalier de Saint-Grégoire le Grand.

A ces titres, M. Gossin en joignait d'autres qui n'étaient pas exempts de charges. Il fut longtemps et, depuis sa fondation, je crois, le secrétaire de la société d'agriculture de Compiègne et l'une des illustrations de ce comice qui en compta plusieurs. Il dut, par la suite, à cause de son éloignement, résigner cette fonction ; mais il eut le plaisir de la voir confiée à un de ses élèves, agriculteur fort apprécié, M. Boursier.

Ce dernier, nommé lui-même vice-président de la société d'agriculture de Compiègne, et secrétaire de la Société des agriculteurs de France, a eu, il y a trois ans, le fils de M. Gossin pour successeur dans ce secrétariat.

M. Gossin n'eut pas les mêmes raisons à alléguer vis-à-vis de la société d'agriculture de Beauvais. Arguant, au contraire, de la proximité de l'Institut agricole, son président, M. le baron de Corberon, obtint le concours actif de M. Gossin. Là encore, il fut secrétaire, puis plus tard vice-président. Partout où il paraissait, on utilisait sa vive initiative et son infatigable bonne volonté.

De tels services rendus à l'agriculture, et sous tant de formes, donnaient l'espoir aux élèves de M. Gossin et à tous ceux qui le connaissaient qu'une récompense hors ligne lui serait attribuée. Cet espoir s'accrut au moment de l'Exposition de 1878. M. Gossin y présentait l'ensemble de ses livres d'enseignement, tandis qu'un peu plus loin l'intéressante exposition de l'Institut agricole de Beauvais venait confirmer pratiquement les résultats de cet enseignement. Mais alors que furent faites tant de promotions dans la Légion d'honneur, M. Gossin ne reçut qu'une médaille d'or.

Il avait trop de modestie pour élever la moindre plainte. S'il avait déjà reçu l'avertissement secret que ses forces, dont il abusait, allaient le trahir et s'il voyait bien que ses concitoyens n'auraient bientôt plus l'occasion de le distinguer, il avait une autre et plus douce consolation. Son fils M. Charles Gossin, nommé officiellement, depuis 1873, professeur adjoint de l'Oise, le suppléait avec succès toutes les fois qu'il ressentait l'impérieux besoin du repos. Indépendamment de l'Institut agricole de Beauvais qu'il sentait vivre de sa vie propre, il avait le droit de se persuader que son œuvre de rénovation agricole dans le département de l'Oise se perpétuerait tout entière, avec ses souvenirs et ses traditions de trente années, puisqu'il en pourrait laisser la survivance à un fils digne de lui.

Mais cette satisfaction que le sentiment de la reconnaissance publique ne peut manquer d'assurer à sa mémoire, ne devait pas être le seul hommage réservé à Louis Gossin.

J'ai rappelé au début comment une coupe d'honneur lui fut décernée par la Société des agriculteurs de France. Elle lui fut remise solennellement, en 1879, lors de la distribution des récompenses du concours international d'industrie et d'horticulture qui se tenait à Beauvais.

« Ce sera le couronnement de ma carrière, » disait-il souvent en parlant de cette distinction avec une émotion mêlée de larmes, et malheureusement, sans nous l'avouer, nous sentions tous qu'il disait vrai.

En dépit de ce proverbe qu'avec son bon rire il répétait quelquefois à ses élèves trop prompts à utiliser le fouet dans les exercices du labour :

« Qui veut voyager loin ménage sa monture, »

M. Gossin ménageait tout le monde et toutes choses, excepté lui-même. Il devait tomber tout à coup, et quand on se reporte à toutes les œuvres que nous lui avons vu entreprendre, et mener à bonne fin, on le conçoit trop aisément. Comment put-il même y suffire?

Il y parvint par une règle de vie digne d'être prise en modèle. Il avait conservé toute la rigueur de ses habitudes rurales. A cinq heures du matin il se levait et le travail commençait pour ne plus s'achever de tout le jour. Il savait entremêler les longues applications dans le cabinet d'étude de courses à la ferme de l'Institut agricole et de visites avec les élèves dans les exploitations les mieux dirigées du voisinage. Quelquefois c'était en bêchant le petit jardin qui s'étendait sous les fenêtres de sa modeste maison de la rue du Bras-d'Or qu'il se reposait de la préparation d'une conférence ou de l'exposé d'une leçon.

Homme de famille, vrai patriarche dépaysé à une époque qui semble n'en plus comprendre les vertus, il trouvait le plus délicieux de tous les repos dans la société de sa compagne et de ses cinq enfants. Il aimait à attirer tour à tour ses élèves dans cette atmosphère de famille, il leur donnait de petites soirées. Sa franche gaieté animait le repas; mais la veillée était toujours trop longue, il s'endormait près de nous d'un doux sommeil et quand il s'éveillait pour nous donner l'adieu, il disait qu'à la Tour-Audry il était toujours couché à huit heures et que la longue veille du soir ne promet jamais une bonne journée de travail pour le lendemain.

Il lui fallut un jour voir s'éloigner de la maison paternelle ceux qui en étaient la joie et la vie. Ce fut une grande épreuve, mais nul ne comprenait mieux le sacrifice que M. Gossin.

Il a donné trois des siens à l'Église : un fils qui prit la robe de Lacordaire et deux religieuses dont l'une s'occupe d'un orphelinat. Son second fils, avocat déjà distingué, mais plus dévoué encore à l'agriculture qu'au barreau, s'est allié à l'une des plus honorables familles de Beauvais. Sa fille aînée, enfin, était une douce mère de famille et la femme d'un agriculteur habile, M. Leroy.

Hélas ! cette fille chérie, qui paraissait la moins sacrifiée, lui fut ravie la première. Ce coup porté au cœur du père acheva de briser le tempérament vigoureux mais déjà ébranlé de M. Gossin. Il eut à la suite de ce douloureux événement plusieurs attaques d'apoplexie, et c'est une dernière atteinte de ce mal foudroyant qui l'emporta pendant un séjour à Eclaron, dans la famille de sa femme.

Il n'entre pas malheureusement dans le cadre de cette étude de présenter Louis Gossin autrement que comme l'éminent professeur d'agriculture que notre Société avait hautement distingué en l'appelant par ses suffrages à l'honneur de faire partie de son conseil.

Mais doit-on tout à fait séparer un homme de la meilleure partie de lui-même ? Ne m'exposerais-je pas à un reproche si je parlais de Louis Gossin sans dire l'admiration secrète qu'inspirait la vie privée de ce bon et utile citoyen ?

Le coup d'œil que nous venons de jeter dans son intérieur et sur sa famille a déjà fait pressentir en lui un homme de devoir et d'aimable vertu.

Quand après une laborieuse semaine, il eût été si naturel que M. Gossin se reposât, nous l'avons vu se rendre tour à tour dans chaque canton du département pour y donner ses conférences aux cultivateurs qui ne pouvaient l'écouter que ce jour-là. Mais toutes les fois qu'il passait son dimanche à Beauvais, M. Gossin trouvait un moyen encore de se donner. On avait établi à l'Institut agricole une conférence, celle-là, pour le soulagement des pauvres. Il la présidait avant le déjeuner, puis il prenait ce repas avec les élèves et après, il les conduisait à tour de rôle dans quelques mansardes de la ville porter la consolation et le pain.

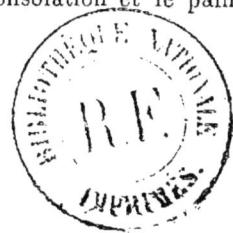

C'est là que je reverrai toujours notre maître s'asseyant et entretenant le pauvre avec sa cordiale simplicité. Il se montrait alors encore l'homme de famille et l'agriculteur par l'utilité pratique et la douceur paternelle de ses conseils.

M. Gossin avait une physionomie ouverte et sympathique, un peu hésitante lorsqu'il vous abordait en raison d'une myopie excessive, mais l'œil était vif, intelligent et bon. Il avait un beau front, la tête chauve avec une couronne de cheveux restés blonds qui lui donnait une jeunesse de visage, reflet d'ailleurs de la jeunesse de son cœur. La simplicité était le trait distinctif de son caractère, il avait des élans charmants, presque naïfs. Sa voix, un peu forte quand l'émotion le gagnait, avait un accent de sincérité qui saisissait l'âme. S'il exprimait les sentiments avec chaleur, il parlait de science avec précision. Dans une assemblée nombreuse, à une tribune, on le sentait gêné comme dans l'habit noir, que ses vieux souvenirs de la Tour-Audry lui aurait fait presque quitter sans embarras pour la modeste blouse du travailleur. Mais dans sa chaire de professeur, dans ses conférences rurales il excellait; et que de délicates et chaudes inspirations il trouvait dans les entretiens au milieu de ses anciens élèves. Cette simplicité chez lui atteignait, on le comprend, toute sa délicatesse quand il ne parlait plus devant un auditoire choisi, ni même devant ses élèves, mais devant l'ouvrier pauvre. Il avait alors de ces mots touchants qui nous restaient dans le cœur par ce qu'ils avaient trouvé le chemin du cœur de ceux qui souffraient.

Oh! qu'on nous pardonne ce bon souvenir plus durable encore que toutes ses leçons! Au sortir de ses cours bien des fois nous fûmes entraînés à l'applaudir, mais là c'était une admiration silencieuse qu'il nous inspirait. Cette admiration nous dictera le devoir maintenant qu'il n'est plus!

Tel était l'homme que la mort vient de ravir à la tâche qu'il remplissait modestement pour le bien de tous. On peut dire qu'il a contribué largement, pour sa part, à l'honneur de notre Société et aussi à l'honneur de l'humanité, car rien de ce qui est humain ne resta pour lui indifférent.

En essayant de lui donner une place dans nos annales, nous n'avons fait malheureusement qu'ébaucher la bienveillante figure du savant professeur.

L'historien, encore à naître, du grand mouvement agricole contemporain l'étudiera avec intérêt et la placera avec honneur entre la figure un peu rude du fondateur de l'Institut agricole de Beauvais, le vénérable frère Ménée, et cette autre grande figure, tout illuminée d'intelligence et de cœur, Édouard de Tocqueville.

Paul Blanchemain.

Paris. — Imp. de E. Donnaud, rue Cassette, 1.